Recettes de Petits Gâteaux et Bredele d'Alsace

Le Noël magique des Enfants

Textes et photos
de Françoise KLEIN

« Bercés par la Douce Magie de Noël,

Profitons de cette merveilleuse période de l'Avent »

I.D. l'EDITION

Sommaire

☆ *Recettes sans oléagineux*

☽ *Recettes qui doivent reposer une nuit*

☺ *Recettes faciles pour les tout-petits*

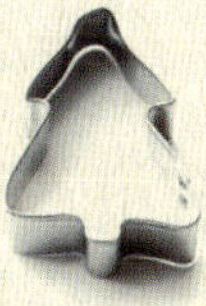

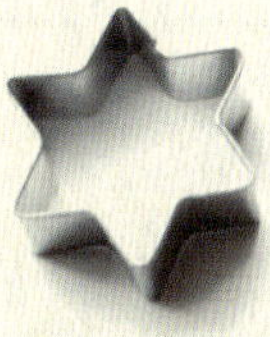

Pour découper facilement vos gâteaux,
vous trouverez dans le commerce
de multiples emporte-pièces aux motifs variés...

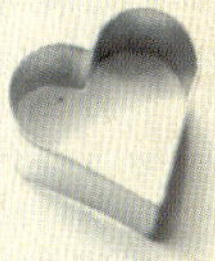

Il me reste ... blancs d'œufs je peux réaliser :

(2) Macarons amandes et cannelle p. 6 ; **(2)** Macarons noix et citron p. 16 ; **(2)** Macarons aux noisettes et à l'orange p. 18 ; **(2)** Macarons chocolat et épices p. 39 ; **(2)** Cœurs au Kirsch p.42 ; **(2)** Leckerlis glacés à l'Expresso p. 43 ; **(2)** Brunslis p. 45 ; **(4)** Macarons à la Noix de Coco p. 23

Il me reste ... mélange d'amandes, noix, noisettes en poudre, je peux réaliser :

(25 g) Etoiles à la gelée p. 35 ; **(30 g)** Chatons au miel p. 19 ;
(75 g) Mini Kouglopfs p. 54 ; **(75 g)** Mannalas aux épices p. 10 ;
(80 g) Pains d'épices p. 66 ; **(100 g)** Oursons p. 65 ;
(110 g) Macarons chocolat p. 39 ; **(120 g)** Schwowebredla p. 38.

La forêt enchantée

Un parfum de pain d'épices et de vin chaud flotte dans l'air frais de la soirée. Le marché de Noël de Colmar est magnifique. Je regarde les enfants s'amuser sur les carrousels anciens, bercés par le va et vient des chevaux de bois. Les maisonnettes regorgent de friandises et de gâteaux. J'aperçois tonton Fabrice qui déguste du saucisson de marcassin. Il m'offre un tour de manège :

- Profite de la soirée Hans, vive les vacances !

Je monte sur une carriole à bascule et me laisse porter par la musique de Noël. Je regarde les merveilleux sapins, ornés de boules de couleurs, les lumières qui clignotent au loin… Je suis heureux. Toutefois, je n'ai pas rencontré le personnage que je suis venu chercher ici.

Mais où est donc caché le vrai Père Noël ? J'ai toujours rêvé de le rencontrer et espère l'apercevoir…Et si j'allais à sa recherche ?

Décidé, je rentre à la maison et chaparde la carriole et le cheval de mon papa. Je parcours la route en direction de la forêt du Kastenwald. Arrivé dans les bois, je me dirige vers une clairière, éclairée par un halo de lune toute dorée. Fatigué, je m'assieds auprès d'un beau chêne et m'adresse à lui :

- Bel arbre, comment puis-je trouver ma route ?

Étrangement … Je vois les herbes frémir à mes côtés …

Je distingue une forme avec un bonnet lumineux : C'est un petit elfe dissimulé dans le bosquet ! Il est minuscule et tout mignon avec ses petits habits.

Je lui souris. Rassuré, il s'approche de moi et me murmure :

- Je m'appelle Ariel, je suis un gnome, petit esprit de la Terre. Bienvenu dans la forêt enchantée ! Je vais t'accompagner tout au long de ton voyage, mais prenons d'abord un bon goûter !

J'entends la terre frémir sous mes pieds. Mais que se passe-t-il donc ?

Un parfum de beurre, de gâteaux et de chocolat titille mes narines.

Quel spectacle gourmand ! Je vois des champignons pousser tout autour de moi. Ils sont en biscuit chocolaté. Un beau sucre coloré couvre leurs chapeaux. Du sucre glace inonde la terre battue et les cailloux se transforment en friandises.

Je déguste avec plaisir des girolles, des bolets cacaotés, bien croquants.

Je lèche avec gourmandise le glaçage onctueux, aromatisé au jus de fruit et à la crème, Miam…Repu, je remplis mes poches de gâteaux, remercie mon chêne et m'adresse à mon petit Ariel :

- J'aime vraiment les biscuits. Je pourrais apprendre le métier de pâtissier. Qu'en penses-tu mon Ami ?

Ariel me sourit avec malice… Il fera apparaître une cuisine à chacun de nos arrêts…

Champignons magiques chocolatés ☆

Ingrédients pour 40 pièces environ

- 150 g de farine
- 100 g d'amandes moulues
- 3 c. à soupe de cacao
- 75 g de sucre
- 125 g de beurre coupé en dés
- 1 œuf battu entier

Glaçage

- 200 g de sucre glace mélangé à 2 c. à soupe de jus d'orange, citron ou cerise
- 2 gouttes de colorant rouge (facultatif)

Cuisson

- Four préchauffé à 180°C
- Cuisson 8 à 10 minutes

Préparation

- 35 minutes

• Pétrir tous les ingrédients dans l'ordre donné et former une boule. • Envelopper la pâte dans du film alimentaire. • Déposer au frais au moins 1 heure. • Étaler la pâte sur le plan de travail fariné et découper les formes à l'emporte-pièce. • Cuire les champignons.• Retirer de la plaque après cuisson. • Laisser refroidir. • Préparer le glaçage et décorer les gâteaux.

Knirpfels de Rolande
ou Croissants à la vanille

Ingrédients pour 40 pièces environ

- 250 g de farine tamisée
- ½ sachet de levure chimique
- 125 g de sucre fin
- 1 paquet de sucre vanillé
- 3 jaunes d'œufs
- 200 g de beurre mou
- 125 g d'amandes ou de noix moulues

Finition

- 100 g de sucre glace mélangé à 2 sachets de sucre vanillé

Cuisson

- Four préchauffé à 180°C
- Cuisson 10 minutes

Préparation

- 30 minutes

• Mélanger tous les ingrédients. • Former une boule avec la pâte. • L'emballer à l'aide d'un film transparent et placer au réfrigérateur pendant 2 heures. • Rouler la pâte avec les doigts pour former des petits croissants. • Mettre à cuire. • Saupoudrer dès la sortie du four les sucres mélangés. • Laisser refroidir avant de placer les gâteaux sur une grille.

Macarons amandes et cannelle

Ingrédients pour 25 pièces environ

- 2 blancs d'œufs, 1 pincée de sel
- 150 g de sucre glace
- 200 g d'amandes moulues
- 2 c. à café de cannelle en poudre
- Un peu de zeste d'orange ou de citron
- 25 amandes mondées

Cuisson

- Four préchauffé à 160°C
- Cuisson 15 minutes

Préparation

- 15 minutes

• Monder les amandes en les jetant dans de l'eau bouillante durant 10 à 15 minutes, la peau va se retirer facilement. • Monter les blancs d'œufs et le sel en neige très ferme. • A l'aide d'une cuillère, ajouter délicatement le sucre, la cannelle ainsi que les amandes et le zeste d'orange. • Mouler la pâte avec les doigts, déposer des boules sur un papier sulfurisé déposé sur la plaque du four. • Placer les amandes mondées. • Cuire et laisser refroidir.

Chevaux à bascule ☆

Ingrédients pour 30 pièces environ

- 300 g de farine tamisée
- 125 g d'amandes en poudre
- Zeste d'une orange
- 2 œufs
- 100 g de sucre en poudre
- 125 g de beurre coupé en dés

Glaçage

- 125 g de sucre glace
- 1 c. à soupe de cacao mélangée à 1 c. à soupe d'eau chaude ou colorants au choix

Cuisson

- Four préchauffé à 180°C
- Cuisson 10 minutes

Préparation

- 30 minutes

• Verser dans un saladier la farine, les amandes et le zeste d'orange. • Verser au centre le mélange œufs et sucre. • Ajouter le beurre en dés. • Pétrir la pâte. • Former une boule. • Mettre au frais pendant 2 heures. • Étaler la pâte sur une tôle de four recouverte d'un papier cuisson. • Découper les formes à l'emporte-pièce. • Cuire puis laisser refroidir. • Décorer les petits chevaux à l'envie.

L'ours et l'abeille

- Bigre de radine, arrête de me piquer, je voulais juste goûter un peu de ton miel !
- Même pas en rêve, tu n'es qu'un fainéant ! Qu'as-tu fait au printemps pour mériter cette douceur ?
J'entends l'ours se disputer avec l'abeille. Discrètement, je m'approche d'eux. Gêné, l'ours m'explique la situation :
- J'aimerais cuire un bon pain d'épice, mais voilà, pour la recette il me faudrait du miel. C'est le rôle de l'abeille de le fabriquer, et à l'ours d'en profiter…
L'abeille ne se laisse pas impressionner.
- Sais-tu cher Hans que je dois parcourir un millier de kilomètres pour fabriquer un kilo de miel ? Je butine des centaines de fleurs au nectar sucré. Ce paresseux s'est reposé tout l'été.
- C'est inexact, répondit l'ours, j'ai travaillé ! J'ai abattu tous les cèdres du Liban dans la clairière, et pulvérisé du désherbant total, afin de disposer mon ensemble de jardin. J'ai recouvert le gazon d'une bâche et de pierres. J'ai abattu le pommier pour installer ma piscine et des parasols colorés. Enfin j'ai pu me reposer sur ma chaise longue et lire mes journaux préférés.
- Et qu'as-tu planté ? lui répondit l'abeille.
- Ton jardin ressemble au désert de Gobi. Ni insecte, ni papillon, ni oiseau, ni hérisson ne trouvent de nourriture chez toi.
L'ours réfléchit… Il avait bien remarqué le calme soudain qui régnait dans son jardin. Aucun gazouillis de merles, pas de papillons à admirer… Comment réparer cette grossière erreur et que planter ?
Ariel me souffle une bonne idée…
- Propose à l'ours de prélever des graines dans le pré voisin. Il y a beaucoup de cosmos, de tournesols, de bleuets… Des fleurs annuelles qui reviendront chaque saison, grâce aux semences éparpillées dans le sol.
L'ours s'exécute, retourne la terre et sème les précieuses graines. Il va aider l'abeille à fabriquer son miel. Les deux compères nous remercient chaudement Ariel et moi. L'abeille nous offre quelques pots de miel. L'ours me propose d'emporter les troncs des sapins abattus. Trop pressé pour attendre, je dévisse un pot de miel. Je trempe mes doigts dans le doux liquide. Voilà que je lèche le précieux nectar, doux sucré… Je suis l'abeille, je vole librement de fleur en fleur. Les cheveux au vent, une jolie Sylphe virevolte à mes côtés. Je butine et je suis heureux…
Je chuchote à Ariel, couvert de pollen :
- Je comprends les abeilles, je pourrais apprendre le métier d'apiculteur, qu'en penses-tu mon ami ?
Ariel me sourit avec malice… et nous reprenons gaiement notre route.

Mannalas aux épices

Ingrédients pour 45 pièces environ

- 250 g de farine tamisée
- 75 g d'amandes en poudre
- 2 c. à café d'épices à pain d'épices
- 2 jaunes d'œufs
- 2 c. à soupe de lait + 2 autres éventuellement
- 125 g de beurre coupé en dés
- 1 pincée sel

Finition

- 2 c. à soupe de lait pour dorer
- 2 c. à soupe de sucre fin mélangé à 2 c. à café de cannelle

Cuisson

- Four préchauffé à 160°C
- Cuisson pendant 6 minutes

Préparation

- 40 minutes

• Dans un saladier, verser la farine, les amandes et le sel. • Verser au centre le mélange sucre, œufs et épices. • Malaxer légèrement. • Incorporer le beurre et pétrir la pâte. • Ajouter le lait jusqu' à la consistance désirée. • Étaler la pâte et découper les formes désirées à l'emporte-pièce. • Déposer les gâteaux sur la plaque du four recouverte d'un papier cuisson. • Passer le pinceau imprégné de lait sur les petits fours. • Saupoudrer du mélange sucre-cannelle. • Cuire.

Façades de maisonnettes en Pain d'épices chocolaté ☆

Ingrédients pour 5 façades environ

- 375 g de farine + 50 g
- 2 c. à soupe d'épices à pain d'épices
- 3 c. à soupe de cacao
- 100 g de beurre
- 125 g de miel
- 75 g de sucre
- ½ sachet de levure chimique
- 1 zeste d'orange, 1 pincée de sel
- 1 œuf

Glaçage épais

- 1 blanc d'œuf ou du jus de citron, mélangé à 250 g de sucre glace (voir recettes glaçages)
- Bonbons à l'envie

Cuisson

- Four préchauffé à 180°C
- Cuisson 10 à 15 minutes

Préparation

- 40 minutes

• Chauffer le miel, le beurre et le sucre, ajouter les épices. • Laisser refroidir. Incorporer le reste des ingrédients. • Pétrir la pâte. • Mettre au frais 2 heures. • Si la pâte est trop souple, ajouter un peu de farine. • Étaler la masse sur la plaque de cuisson, découper les formes souhaitées. • Cuire au four. • Laisser refroidir. • Préparer le glaçage et décorer à l'envie.

Gâteaux aux noix

Ingrédients pour 40 pièces environ

- 225 g de farine tamisée
- 125 g de beurre ramolli coupé en dés
- 125 g de sucre fin
- Zeste d' ½ orange
- 2 œufs
- 125 g de noix moulues
- 1 pincée de cannelle et de muscade

Finition

- 1 jaune d'œuf dilué dans 1 c. à soupe de lait

Facultatif

- 20 amandes mondées ou 10 noix concassées

Cuisson

- Four préchauffé 180°C
- Cuisson 8 minutes

Préparation

- 30 minutes

• Battre en mousse le beurre et le sucre. • Ajouter les jaunes d'œufs, les épices et le zeste d'orange. • Incorporer la farine et ensuite les noix. • Pétrir, former une boule. • Déposer la pâte au frais pendant 1 heure. • Étaler la pâte, découper les formes choisies à l'emporte-pièce. • Déposer le tout sur une tôle de four recouverte de papier sulfurisé. • Badigeonner au pinceau avec le jaune dilué dans un peu de lait. • Poser une demi-amande au centre des gâteaux (facultatif). • Cuire et laisser refroidir sur une grille à pâtisserie.

Bûchettes au cacao ☆

Ingrédients
pour 40 pièces environ

- 250 g de farine tamisée
- 1 c. à café de levure chimique
- 100 g de sucre en poudre
- 1 sachet de sucre vanillé
- 175 g de beurre à température ambiante
- 50 g de cacao
- 1 c. à soupe de lait, 1 pincée de sel

Cuisson

- Four préchauffé à 180°C
- Cuisson 7 minutes

Préparation

- 30 minutes

• Verser en fontaine la farine et la levure. • Placer au centre les sucres, le sel et 1 c. à soupe de lait. • Ajouter le beurre détaillé en morceaux. • Pétrir rapidement. • Prélever 1/3 de pâte et ajouter le cacao. • Abaisser la pâte blanche, ainsi que celle au cacao. • Superposer la pâte cacaotée sur la blanche. • Rouler en pâton. • Emballer le rouleau dans du film alimentaire. • Placer au froid pendant au moins 1 heure. • Déballer le rouleau et couper des « tranches ». • Placer les gâteaux sur la grille du four recouverte d'un papier sulfurisé. • Cuire et laisser refroidir.

La maison de la guérisseuse

Ariel et moi franchissons une pente un peu sinueuse et j'aperçois une petite chaumière.En m'approchant, je sens un doux parfum de sucre grillé. Ariel et moi, restons sans voix … La maisonnette est en pain d'épices, une merveille de gourmandise. Les volets sont en chocolat blanc. De beaux bâtons de sucre d'orge décorent les portes serties de smarties. Des rideaux de fils sucrés ornent les fenêtres. Trop gourmand,
je goûte des dragibus déposés dans les pots de fleurs. Je me régale et décide de grignoter une tuile au chocolat noir et riz soufflé.
- Qui vient donc manger ma maison ? s'exclame une vieille dame sur le perron.
- Bonjour, je m'appelle Hans, je suis alsacien et j'ai toujours faim.
Désolé d'avoir un peu abîmé votre maison, Madame. Répondis-je.
- Bien au contraire mon garçon, je suis guérisseuse, et il y a bien longtemps qu'aucun enfant ne m'aie rendu visite.
Je lève les yeux vers la cheminée. La fumée qui s'échappe est d'une jolie couleur rose, au parfum de fraise tagada… La vieille dame s'adresse à moi :
- Aimerais-tu goûter de la barbapapa ? J'en prépare souvent. C'est la chaleur qui fond le sucre et le transforme en un si doux coton. Avec mes pierres magiques, j'allume le feu. Je l'entretien avec l'écorce de ce bouleau.
Je regarde le feu de bois dans l'âtre. Une jolie salamandre, vêtue d'une robe d'or, oscille dans les flammes et me sourit. Je m'adresse à la guérisseuse :
- J'aimerais beaucoup posséder de telles pierres. Puis-je vous offrir quelques pots de miel, Madame ? La guérisseuse est heureuse. Ce miel va soigner les plaies de sa petite chatte Capucine. Elle m'offre des pierres : du silex, de la pyrite, de l'écorce de bouleau et plein de friandises : des bonbons en forme de bouteille de Cola, des dragées, du sucre, des sucre d'orge, des oursons en guimauve, des chamallows, des tablettes de chocolat… Dès mon retour, je vais tout partager avec mes copains.
- Je suis heureuse de ta visite, cher Hans. Tous les animaux te remercient pour ton miel si précieux me dit la vieille dame.
Nous reprenons la route Ariel et moi.
Je déguste ma barbapapa toute floconneuse. Le sucre coule doucement dans ma gorge et je me sens heureux.
Avec tendresse, je m'adresse à mon petit ami :
- J'aime les animaux, je pourrai apprendre le métier de vétérinaire, qu'en penses-tu Ariel ?
Mon compagnon me regarde avec malice, sourit, et ne me répond pas…

Macarons noix et citron

Ingrédients pour 30 pièces environ
- 2 blancs d'œufs
- 1 pincée de sel
- 185 g de sucre fin
- 2 sachets de sucre vanillé
- 100 g de poudre de noix
- Zeste râpé d'un citron
- 30 cerneaux de noix

Cuisson
- Four préchauffé à 120°C
- Cuisson 45 minutes

Préparation
- 10 minutes

• Battre en neige ferme les blancs avec la pincée de sel. • A l'aide d'une grande cuillère, incorporer délicatement les sucres, le zeste de citron et les noix. • Former des petits tas de pâte, bien espacés sur la plaque du four, recouverte de papier sulfurisé. • Placer les cerneaux de noix sur le dessus.• Cuire à feu très doux.

Fleurs à la confiture ☆

Ingrédients
pour 30 gâteaux suivant la taille

- 250 g de farine tamisée
- 90 g de sucre fin
- 125 g de beurre froid, coupé en dés
- 1 œuf

Fourrage

- ½ pot de confiture de fruits rouges
- Sucre glace pour saupoudrer

Cuisson

- Four préchauffé à 180°C
- Cuisson 10 minutes

Pour dorer la pâte

- 1 jaune d'œuf dilué avec 1 c. à café de lait

Préparation

- 40 minutes

• Mélanger la farine avec le sucre, sabler avec le beurre, lier avec l'œuf battu. • Laisser reposer au frais 1 heure. • Abaisser la pâte et découper les formes avec des emporte-pièces «spécial confiture». • Placer sur la grille du four, recouverte d'un papier sulfurisé. • Dorer au jaune d'œuf. • Cuire et laisser refroidir. • Saupoudrer les fleurs de sucre glace. • Chauffer un peu la confiture. • Déposer une cuillère à café de confiture sur les cercles cuits. • Procéder à l'assemblage. • Laisser sécher.

Macarons aux noisettes et à l'orange

Ingrédients pour 30 macarons

- 2 blancs d'œufs
- 1 pincée de sel
- 1 c. à café de jus de citron (facultatif)
- 125 g de sucre fin
- 125 g de poudre de noisettes
- Le zeste râpé d'une demi-orange
- 30 noisettes entières

Cuisson

- Four préchauffé à 140°C
- Cuisson 20 minutes

Préparation

- 10 minutes

• Griller la poudre de noisettes 1 à 2 minutes dans une poêle antiadhésive, laisser refroidir dans un bol. • Battre les blancs, le sel et éventuellement le citron en neige très ferme. • Incorporer délicatement le sucre, la poudre de noisette et le zeste d'orange. • A l'aide d'une poche à douille ou de deux cuillères, former des petits tas sur la plaque à pâtisserie couverte de papier sulfurisé. • Garnir les macarons avec une noisette. • Mettre à cuire, laisser refroidir sur une grille.

Chatons au miel d'Elsa

Ingrédients pour 50 pièces environ

- 250 g de farine tamisée
- ½ sachet de levure chimique
- 1 pincée de sel
- 1 c. à soupe de lait
- 60 g de sucre
- 150 g de miel d'Alsace
- 60 g de beurre
- 30 g de noisettes moulues
- 2 jaunes d'œufs
- 2 c. à café de cannelle

Pour dorer

- 2 c. à soupe de lait

Facultatif

- un peu de glaçage au chocolat pour décorer (voir p. 69)

Cuisson

- Four préchauffé à 180°C
- Cuisson 12 minutes

Préparation

- 40 minutes

• Chauffer à feu doux le miel, le sucre, le beurre, le lait et la cannelle. • Verser dans un bol et laisser refroidir. • Verser la farine, la levure et le sel dans un saladier, ajouter le mélange au miel, les jaunes d'oeufs et les noisettes. • Pétrir rapidement la pâte. • Étaler la pâte, couper les gâteaux à l'emporte-pièce. • Poser les biscuits sur la plaque du four recouverte d'un papier sulfurisé. • A l'aide d'un pinceau humidifier les gâteaux avec le lait. • Cuire et laisser refroidir.

Le petit esquimau

Ariel et moi, arrivons dans un royaume de glace. J'aperçois au loin un petit esquimau qui m'invite à entrer dans son igloo.
- Bonjour Hans, je m'appelle Hopi, j'aimerais t'offrir une boisson chaude, mais je n'ai pas de feu. Ariel me souffle à l'oreille :
- Offre-lui tes pierres Hans, Hopi en fera bon usage.
Le petit esquimau frotte les pierres et la flamme jaillit ! Il met une marmite sur le feu, après y avoir déposé un bloc de glace. Celui-ci se met à fondre, et l'eau commence à tourbillonner. J'aperçois une ondine qui se balance dans les remous. Elle a une jolie robe bleue comme le ciel.
- Chouette me dit Hopi. Je vais pouvoir cuisiner et fumer des poissons. On pourrait même faire de la vraie crème glacée, j'ai une recette de ma grand-mère.
Hopi fait chauffer 25 cl de lait bien crémeux, avec une demi-gousse de vanille, verse le tout sur 4 jaunes d'œufs battus. Il ajoute 150 g de sucre et remet l'ensemble à chauffer doucement. Il retire la casserole du feu, et ajoute 10 cl de crème fraîche.
- Il n'y a plus qu'à attendre le refroidissement. Chez toi, tu verseras le mélange dans une sorbetière.
Je goûte la glace onctueuse. J'imagine déjà une bonne sauce chocolat pour napper cette douceur…
- Et si tu modifiais un peu cette recette ? me propose Ariel.
Je me laisse aller à ma fantaisie. Voilà que j'ajoute une tablette de chocolat dans le lait parfumé.
J'incorpore dans ma glace à peine prise, des cookies concassés, des pépites de chocolat, des noix, des amandes grillées. Je moule des boules dans une jolie coupe transparente. J'ajoute un joli dôme de chantilly, blanche comme la neige. Je parsème le tout de cacahuètes caramélisées. Une jolie cerise confite, d'un beau rouge brillant orne ma super coupe glacée, je la nomme : « Spécialité Hans ».
On va bien se régaler ! Je remercie Hopi qui m'offre des poissons fumés et de la crème glacée.
Déjà, je m'imagine à Colmar, juché sur ma carriole, distribuant de bonnes glaces, à tous les enfants de la ville :
- Avis à tous les gourmands, venez déguster les bonnes glaces alsaciennes ! Crème glacée au pain d'épices, sorbet citron au Crémant d'Alsace ! Quel doux rêve !
Repu, je m'adresse à mon petit Ariel :
- Je pourrai être glacier plus tard, qu'en penses-tu mon petit ami ?
Le petit gnome sourit avec malice, et nous reprenons la route…

Les sablés d'Annette

Ingrédients pour 40 sablés environ

- 375 g de farine
- 250 g de beurre froid en parcelles
- 125 g de sucre glace
- 4 g d'extrait d'amandes amères
- 2 jaunes d'oeufs battus

Garniture

- 2 blancs d'œufs battus en neige
- 250 g d'amandes effilées
- 125 g de sucre fin

Cuisson

- Four préchauffé à 180°C
- Cuisson 12 à 15 minutes

Préparation

- 40 minutes

• Pour préparer la pâte : sabler tous les ingrédients et lier le tout avec les jaunes d'œufs battus. • Laisser reposer au frais pendant 2 heures. • Abaisser la pâte, découper des cercles. • Placer les sablés sur un papier sulfurisé déposé sur une plaque de cuisson. • Incorporer délicatement les amandes effilées et le sucre dans les blancs battus. • Couvrir les cercles avec la garniture. • Mettre à cuire. • Laisser refroidir.

Macarons à la noix de coco ☆

Ingrédients pour 20 macarons

- 4 blancs d'œufs
- 1 pincée de sel
- 125 g de sucre en poudre
- 75 g de farine tamisée
- 125 g de noix de coco râpée

Cuisson

- Four préchauffé à 130°C
- Cuisson 20 minutes selon la taille

Préparation

- 10 minutes

• Griller légèrement la noix de coco dans une poêle antiadhésive, laisser refroidir dans un bol. • Battre les blancs d'œufs en neige ferme avec la pincée de sel. • Ajouter progressivement le sucre, à l'aide d'une cuillère. • Ajouter ensuite le mélange coco, farine. • Former des boules avec les doigts, ou des macarons avec une poche à douille. • Les poser directement sur une feuille de papier sulfurisé déposée sur la tôle du four. • Mettre à cuire. • Laisser refroidir sur la tôle.

Bouchées aux noix et noisettes

Ingrédients
pour 50 bouchées environ

- 1 jaune d'œuf
- 200 g de sucre fin
- 250 g de beurre ramolli
- 250 g de poudre de noisettes, ou de noix moulues
- 250 g de farine tamisée
- 1 pincée de sel
- 50 noisettes entières ou demi-noix

Cuisson

- Four préchauffé 180°C
- Cuisson 10 minutes

Préparation

- 20 minutes

• Torréfier les noisettes, en les grillant 1 minute, dans une poêle antiadhésive. • Laisser refroidir dans un bol. • Battre le jaune d'œuf avec le sucre. • Ajouter le beurre en pommade, les noisettes, le sel et la farine. • Former une boule. • Emballer dans du film transparent et placer au réfrigérateur pendant 1 heure. • Façonner des petites boulettes avec les doigts et enfoncer les noisettes. • Placer le tout sur une plaque de four recouverte de papier sulfurisé. • Mettre à cuire. • Laisser refroidir avant de déguster !

Sablés au citron

Ingrédients
pour 50 pièces environ

- 125 g de beurre ramolli
- 100 g de sucre fin
- 2 sachets de sucre vanillé
- 2 œufs
- 125 g d'amandes en poudre
- Zeste d'un citron
- 300 g de farine tamisée mélangée à 1 pincée de levure chimique

Pour dorer

- 2 c. à soupe de lait

Cuisson

- Four préchauffé à 160°C
- Cuisson 6 à 8 minutes

Préparation

- 20 minutes

• Mélanger le beurre et les sucres. • Ajouter les œufs, les amandes et le zeste de citron. • Incorporer le mélange farine et levure tamisées. • Pétrir le tout. • Placer au frais pendant 1 heure. • Abaisser la pâte et couper les formes à l'emporte-pièce. • Les déposer sur la plaque du four, recouverte d'un papier Cuisson.• Badigeonner avec le lait. • Cuire et laisser refroidir.

Le bonhomme de neige maître d'école

Quel étrange endroit : une salle de classe installée en pleine forêt.
Je me retourne, et aperçois un bonhomme de neige, seul devant son tableau.
- Que t'arrive-t-il M. le Maître d'école, où sont passés tes élèves ?
- Un grand malheur mon garçon ! Modernix est passé par là. Il a distribué des écrans aux enfants.
Les machines donnent toutes les réponses aux problèmes énoncés, et les bambins n'ont plus besoin de moi. Ils sont partis déjeuner.
Ariel, me souffle à l'oreille :
« Et si nous allions voir les enfants à la nouvelle cantine ? ».
Nous rejoignons une grande bâtisse blanche, silencieuse comme un hôpital. Les enfants pianotent sur leur nouvel écran. Je m'installe à une table et ouvre l'opuscule d'une barquette repas. Une purée verte nage dans une sauce et une viande sans nom. Je regarde Ariel :
- Il manque un peu d'ambiance ici, ne trouves-tu pas ?
Armé de ma petite cuillère, je démarre une bataille de purée avec le petit gnome. Les enfants nous regardent amusés. Voilà qu'ils s'y mettent aussi. De la purée vole de partout ! Je les interpelle :
- C'est çà la vraie vie ! La cantine c'est sacré ! Vive les pages d'écriture, et les fous rires !
Nous sommes tous virés de la salle de restauration. Nous nous rendons à l'office, et je propose aux gamins de cuisiner un vrai repas :
« Spaghettis bolognaises pour tout le monde ! »
Je fais revenir quelques oignons, un peu d'ail et de la viande hachée. J'ajoute des tomates pelées et mixées. J'assaisonne avec de l'origan. Je cuis les spaghettis « al dente », et éparpille quelques copeaux de parmesan. Les enfants se régalent et me questionnent :
- Comment fait-on pour déchiffrer une recette et connaître les mesures ?
Je leur réponds fièrement :
- C'est à l'école primaire que j'ai tout appris, mes parents ne parlent que l'alsacien !
Les gamins décident de ranger leurs tablettes et de retourner en classe. Le maître est heureux de les revoir. Il m'adresse un sourire :
- Hans, je vais t'offrir du papier et une plume pour noter tes recettes.
Heureux de cette aventure, je m'adresse à mon petit ami :
- J'aime et je comprends les enfants, je pourrais apprendre le métier de Maître d'école, qu'en penses-tu Ariel ? Le petit gnome sourit avec malice et nous reprenons notre route…

2 + 3

Cristaux aux noisettes

Ingrédients pour 45 pièces environ

- 125 g de beurre ramolli
- 100 g de sucre fin
- 2 œufs
- 125 g de poudre de noisettes
- 275 g de farine tamisée mélangée à ½ c. à café de levure chimique

Finition

- 100 g de sucre glace

Cuisson

- Four préchauffé à 180°C
- Cuisson 7 à 8 minutes

Préparation

- 20 minutes

• Mélanger le beurre avec le sucre. • Ajouter les œufs et ensuite les noisettes. • Incorporer la farine et la levure mélangées. • Pétrir, former une boule. • Placer au frais pendant 1 heure. • Abaisser la pâte. • Découper les formes à l'emporte-pièce. • Les placer sur une tôle de four, recouverte d'un papier cuisson. • Cuire, laisser refroidir. • Saupoudrer de sucre glace.

Gâteaux choco noisettes

Ingrédients pour 40 gâteaux environ

- 3 œufs
- 200 g de sucre
- 200 g de chocolat râpé
- 150 g de noisettes moulues
- 30 g de fécule ou farine tamisée

Glaçage

- 200 g de sucre glace mélangé à 1 c. à soupe d'eau et 1 c. à soupe de jus de cerise ou de Kirsch

Cuisson

- Four préchauffé à 180°C
- Cuisson 10 minutes

Préparation

- 30 minutes

• Griller la poudre de noisettes 1 minute dans une poêle antiadhésive. • Refroidir dans un bol. • Battre le sucre et les œufs. • Ajouter le reste des ingrédients et pétrir la pâte. • Former une boule. • Envelopper dans du film transparent et déposer au réfrigérateur pendant 2 heures. • Former des petites boules et les placer en les espaçant sur la plaque du four (elles vont s'étaler). • Cuire et laisser refroidir. • Procéder au glaçage. • Laisser sécher quelques heures.

La princesse Douchka

Nous voilà arrivés à Paris, ville de l'Amour.
- Où est passé mon cheval ? s'exclame une jolie voix derrière moi.
J'aperçois une belle princesse bien coquette, entrain de se refaire une beauté.
- Bonjour, je m'appelle Hans, puis-je vous être agréable ?
La Belle, qui se prénomme Douchka me répond :
- Mon cheval s'est enfui et je ne sais que lui dire pour le ramener à la raison !
Je rejoins l'animal et lui chuchote à l'oreille, comme le fait mon père.
Le cheval est heureux de m'entendre et revient se placer devant l'attelage.
La princesse me remercie et m'invite à assister à son mariage avec son fiancé, Jean.
Après une longue route, nous arrivons dans un magnifique château à Hambourg.
Jean, Ariel et moi, rejoignons les cuisines du palais.
Douchka adore le thé à la bergamote et y ajoute toujours une tranche d'orange. Nous allons créer des petits fours, avec sa boisson préférée et ils porteront son nom. Jean confectionne de jolis petits gâteaux pour sa belle. Je décharge la glace de ma carriole. Je moule ma crème glacée, y enfonce des meringues, et nappe le tout d'une magnifique chantilly légèrement sucrée. Je décore le vacherin avec de jolis copeaux de chocolat craquants et des fruits confits. La fête bat son plein.
De bons jambonneaux rôtis, laqués au miel, escortés de savoureux gratins dauphinois, arrivent aux tables. Je me délecte, trempant ma viande dans du raifort. J'aurais du ramener un bon munster et du cumin !
Le moment tant attendu arrive. Les convives s'écrient :
- Le dessert, le dessert…
La princesse est émue aux larmes en voyant arriver le magnifique vacherin et les gâteaux qui portent son nom. Un bal animé par de joyeux musiciens, clôture la soirée avec brio.
Après une nuit de repos, nous prenons congé de nos hôtes et reprenons la route.
- J'aime les chevaux, je pourrais être chuchoteur pour chevaux plus tard, qu'en penses-tu mon ami ?
Ariel me sourit avec malice… et nous continuons notre aventure…

Lunes à l'orange ☆

Ingrédients
pour 50 pièces environ

- 250 g de farine tamisée
- 125 g de beurre ramolli en dés
- 150 de sucre fin
- 2 œufs
- Zeste d'une orange râpée

Pour dorer

- 1 jaune d'œuf dilué dans un c. à soupe de jus d'orange

Repos de la pâte

- une nuit

Cuisson

- Four préchauffé à 180°C
- Cuisson 10 minutes

Préparation

- 30 minutes

• Former une fontaine avec la farine. • Ajouter le beurre, le sucre, l'orange. • Lier avec les œufs battus. • Pétrir la pâte et former une boule souple. • Emballer la pâte dans un film alimentaire et déposer au frais pendant une nuit. • Étaler la pâte, et découper des lunes à l'emporte-pièce. • Les déposer sur la tôle du four, recouverte d'un papier sulfurisé. • Dorer à l'œuf dilué au jus d'orange. • Cuire.

Coeurs à la ganache au chocolat et au thé ☆

Ingrédients pour 25 pièces environ

- 200 g de farine
- 100 g de beurre
- 1 œuf + 1 jaune
- 100 g de sucre
- 1 sachet de sucre vanillé
- 1 pincée de sel
- Zeste râpé d'une demi-orange

Ganache au thé

- 10 g de chocolat à cuire râpé
- 1 c. à soupe de thé à la bergamote infusé dans 5 cl de crème chaude
- 25 g de beurre tourné en pommade

Finition

- 50 g de sucre glace

Cuisson

- Four préchauffé à 180°C
- Cuisson 10 minutes

Préparation

- 1 heure

• Pétrir tous les ingrédients de la pâte. • Laisser reposer 2 heures au réfrigérateur enveloppé de film alimentaire. • Préparer la ganache : Chauffer le thé infusé et verser sur le chocolat râpé. • Laisser refroidir. • Ajouter le beurre en pommade à la préparation au thé. • Placer au frais 20 minutes. • Étaler la pâte. • Couper les formes à l'emporte-pièce. • Déposer les cœurs sur la plaque de cuisson recouverte d'un papier sulfurisé. • Cuire et laisser refroidir. • Saupoudrer de sucre glace les cœurs évidés. • Garnir de ganache les socles des biscuits. • Assembler les gâteaux. • Laisser sécher quelques heures.

Petits sablés Douchka à l'anis et au thé russe ☆

Ingrédients pour 35 pièces environ

- 125 g de beurre ramolli
- 100 g de sucre glace
- 1 œuf
- 100 g de fécule
- 100 g de farine
- 1 c. à café de levure chimique
- 1 c. à café d'anis en grains ou en poudre

Glaçage

- 1 sachet de thé russe infusé dans 3 c. à soupe d'eau bouillante pendant 4 minutes. Laisser refroidir puis mélanger à 125 g de sucre glace

Décor facultatif

- Quelques dés d'abricots confits

Cuisson

- Four préchauffé à 180°C
- Cuisson 10 minutes

Préparation

- 30 minutes

• Battre énergiquement le beurre avec le sucre. • Ajouter l'œuf. • Incorporer la fécule, la farine et la levure tamisées ainsi que l'anis. • Former des boules puis les aplatir et les disposer sur une plaque de cuisson recouverte d'un papier sulfurisé. • Cuire les sablés. • Laisser refroidir. • Décorer avec le glaçage.

Etoiles à la gelée de thé Darjeeling

Ingrédients pour 30 pièces environ

- 125 g de beurre ramolli
- 30 g de sucre fin
- 1 sachet de sucre vanillé
- 1 œuf et un jaune
- 25 g d'amandes moulues
- 125 g de farine tamisée

Pour dorer les couvercles de pâte

- 1 jaune d'œuf dilué dans 1 c. à café de lait

Pour le fourrage

- 125 g de gelée de thé Darjeeling tiédie

Cuisson

- Four préchauffé à 180°C
- Cuisson 8 minutes

Préparation

- 40 minutes

• Battre le beurre en mousse avec le sucre. • Ajouter les œufs. • Incorporer les amandes et la farine. • Pétrir la pâte et la déposer au frais 30 minutes. • Étaler la pâte, couper les formes à l'emporte-pièce. • Déposer les étoiles sur du papier sulfurisé et dorer à l'œuf les pièces évidées. • Cuire et laisser refroidir. • Tiédir la confiture, déposer une c. à café sur les socles et assembler les gâteaux. • Laisser sécher quelques heures.

Le pirate des Caraïbes

Nous voilà arrivés sur une île. Au loin, je vois un pirate qui a l'air bien fâché. Je l'entends s'exclamer :

- Je possède de l'or, des épices précieux, du cacao, de la vanille, mais point de bois pour réparer mon bateau ! Quelle poisse !

Je m'approche de lui et me présente :

- Bonjour, je m'appelle Hans, puis-je t'être utile ?

Le pirate, qui se prénomme Christophe, me répond d'un air amusé :

- Toi, un petit gamin ? Aider un grand navigateur comme moi ? Circule ! Hors de ma vue, petit ver de terre !

Quel sale caractère ! Je monte sur ma carriole afin de passer mon chemin. Le flibustier m'interpelle :

- Attends gamin, que transportes-tu dans ton chariot ?

Il est malin ce gredin, il a vu les troncs de sapin et il veut négocier à présent. Ariel me souffle à l'oreille :

- Sois ferme Hans, le cèdre peut lui servir à réparer son navire, et sans ton aide, il ne pourra quitter l'île. En échange de mon bois, le pirate me propose une partie de sa cargaison : des pièces d'or, des épices, des gousses de vanille très parfumées et du cacao.

J'accepte bien volontiers. Je l'aide à réparer son embarcation et finalement, nous devenons amis. Nous avons très faim et j'allume un barbecue. Je farcis de petits poivrons tous mignons avec un fromage de brebis bien assaisonné. Une belle côte de bœuf rôtit sur le grill, accompagnée de quelques tranches de courgettes et d'aubergines badigeonnées d'huile d'olive. Le parfum des pommes de terre, grillées dans les braises, anime nos appétits d'ogres !

Pour le dessert, je dépose quelques quetsches bien juteuses au fond d'un plat bien beurré. Je les recouvre d'une pâte à biscuit. Je pose le tout sur le grill et le recouvre d'une cloche. Je vais servir mon gâteau accompagné d'une bonne boule de glace à la vanille, arrosée de jus d'orange, et voilà un dessert vite fait !

Le pirate et moi, nous nous régalons. Les pommes de terre ont un goût de marrons grillés, la viande fond littéralement en bouche. Je place un « Mont d'Or » sur le grill. Nous trempons du pain dans le fromage, coulant à souhait.

Je n'oublierai jamais cette nuit à la belle étoile. Les braises s'éteignent doucement, et j'en profite pour dorer des guimauves enfilées sur des piques en bois. Nous dégustons ces gourmandises moelleuses en admirant la voie lactée. Je remercie Christophe. Après une nuit de sommeil, nous reprenons la route.

- Je pourrai apprendre le métier de négociateur, ou de grillardin, qu'en penses-tu mon petit ami ?

Ariel me regarde et sourit malicieusement… Que d'aventures !

Schowebredla

Gâteaux allemands aux épices

Ingrédients pour 50 gâteaux environ

- 250 g de farine tamisée
- 60 g de noix ou amandes moulues
- 60 g de noisettes en poudre
- 1 c. à soupe de cannelle
- ½ sachet de levure chimique
- 125 g de sucre roux ou blanc
- 1 œuf
- 1 c. à soupe de Kirsch ou à défaut de schnaps
- 125 g de beurre ramolli en dés
- Zeste râpé d'un citron
- 25 g d'écorce d'orange confite, hachée très menu

Pour dorer

- 2 jaunes d'œufs battus avec 1 c. à soupe de lait

Repos de la pâte

- une nuit

Cuisson

- Four préchauffé à 160°C
- Cuisson 8 minutes

Préparation

- 40 minutes

• Creuser une fontaine. • Verser le sucre, l'œuf, le beurre, l'alcool choisi, le zeste de citron, la cannelle et l'écorce d'orange. • Malaxer le tout. • Ajouter progressivement la farine mélangée au préalable avec la levure. • Pétrir la pâte, ajouter les noix et amandes moulues. • Former une boule, l'envelopper dans du film alimentaire et entreposer au frais toute une nuit. • Étaler la pâte, découper les formes choisies à l'emporte-pièce. • Déposer les gâteaux sur la tôle du four, recouverte d'un papier sulfurisé. • Dorer à l'œuf dilué avec un peu de lait. • Cuire. • Laisser refroidir sur une grille à pâtisserie.

Macarons chocolat et pain d'épices

Ingrédients pour 20 à 25 pièces environ

- 2 blancs d'œufs
- 100 g de sucre fin
- 40 g de chocolat râpé
- 110 g d'amandes moulues
- 1 c. à café d'épices à pain d'épices
- ½ c. à café de cannelle

Cuisson

- Four préchauffé à 130°C
- Cuisson 25 minutes

Préparation

- 10 minutes

• Monter les blancs en neige ferme avec une pincée de sel. • Ajouter délicatement le sucre. • Incorporer le chocolat, les amandes et les épices. • Former des boules avec les mains, les déposer bien espacées, sur la tôle du four, recouverte d'un papier cuisson. • Cuire et laisser refroidir.

La grotte d'Ali

- Mon argent, mon or, mes pierres précieuses, il m'ont tout volé ! Ils ont prononcé la formule magique « Sésame ouvre-toi ». Nous sommes arrivés en plein désert et je découvre une grotte entièrement dévastée… La caverne d'Ali a été cambriolée ! Le berbère s'adresse à moi :
- Que vais-je devenir ? Je ne possède que quelques sacs de café et du thé Nana !
Malicieusement, Ariel me souffle à l'oreille :
- Et si nous décorions cet endroit à notre façon ? Nous allons changer le code d'entrée, le chiffrer et l'inscrire directement sur la façade. Les voleurs n'auront jamais l'idée de le prononcer !
Je décharge des friandises de ma carriole et nous nous mettons au travail.
De beaux bonbons colorés et transparents remplacent les précieux minéraux : un joli jaune citron acidulé pour la citrine, un bonbon à la violette pour l'améthyste, un joli vert à la menthe pour l'émeraude. Ali est ravi.
- Merci cher Hans, je pourrai être négociant de café et tenir un petit salon de thé.
Nous nous rendons dans le désert, en quête d'une lampe magique. Cherchant derrière un rocher, je découvre une vieille lampe bien rouillée. Je la frotte sur le côté et voilà qu'apparait un génie…
- Je peux réaliser deux vœux chers amis, demandez et vous aurez ! nous dit-il.
- J'aimerais une vraie cuisine dans ma grotte, de la lumière et un tapis volant, dit Ali.
A peine les mots prononcés, voilà qu'apparaissent les objets espérés.
Ali se rend à la cuisine et confectionne de succulents gâteaux pour le salon de thé : des cornes de gazelle, des gâteaux de semoule à la fleur d'oranger…
L'air embaume le café fraîchement torréfié, le cacao et les biscuits.
Nous goûtons un fondant truffé. Une rivière de chocolat s'écoule dans nos assiettes. J'y ajoute une boule de glace à la vanille, un coulis de fraise bien parfumé et un nuage de chantilly.
Ali se délecte. La bouche pleine de chocolat, nous chantons à tue-tête « Le Café des Délices ». Ariel tambourine sur un djambé pour nous accompagner…
- Merci à Toi cher Hans. Accepte quelques sacs de café, du thé et le tapis volant en guise de notre amitié, je penserai souvent à toi mon ami, me dit Ali.
J'embrasse le berbère et monte dans ma carriole. Je m'adresse à Ariel :
« Je pourrai apprendre le métier de négociant de café, ou de décorateur. Qu'en penses-tu mon ami ? »
Le petit gnome me sourit avec malice… et nous reprenons la route…

1924

Coeurs à la cannelle et au Kirsch

Ingrédients pour 30 pièces environ

- 2 blancs d'œufs
- 250 g de sucre glace
- 275 g d'amandes moulues
- 1 c. à soupe de Kirsch (ou jus d'orange)
- 1 c. à café de cannelle en poudre
- Pour étaler la pâte par portions 50 g de sucre ou 50 g d'amandes moulues

Repos

- une nuit

Cuisson

- Four préchauffé à 180°C
- Cuisson 8 à 10 minutes les gâteaux doivent rester clairs et moelleux à l'intérieur

Préparation

- 45 minutes

• Battre les blancs en neige ferme. • Incorporer progressivement le sucre. • Réserver une petite tasse de la préparation au réfrigérateur. • Incorporer les amandes, la cannelle et le Kirsch dans les blancs battus. • Saupoudrer le plan de travail de sucre ou d'amandes. • Avec la paume de la main, étaler la pâte par petites portions. • Découper les formes à l'emporte-pièce et déposer sur la tôle du four recouverte d'un papier cuisson. • Napper les cœurs avec le blanc en neige réservé. • Laisser sécher 12 heures. • Cuire en surveillant la coloration.

Leckerlis glacés à l'extra d'expresso

Ingrédients pour 45 pièces environ

- 2 blancs d'œuf, une pincée de sel
- 1 c. à café bombée de cannelle
- 1 c. à soupe de miel d'Alsace
- 125 g de noisettes en poudre
- 125 g d'amandes effilées et concassées
- 100 g d'oranges confites en dés
- 25 g de farine tamisée
- 150 g de sucre fin

Glaçage

- 2 c. à soupe de café prélevées d'une tasse Expresso mélangées à 90 g de sucre glace

Facultatif

- amandes mondées,

Repos

- une nuit

Cuisson

- Four préchauffé à 150°C
- Cuisson 18 à 20 minutes

Préparation

- 40 minutes

• Battre les blancs en neige avec la pincée de sel. • Ajouter la cannelle et le miel. • Verser les blancs sur les ingrédients restants. • Amalgamer le tout. • Former un boudin rectangulaire, l'emballer dans un film alimentaire. • Déposer au frais pendant une nuit. • Couper le boudin en tranches et les diviser par 2 ou 4.• Les disposer sur la plaque du four recouverte d'un papier cuisson. • Cuire, laisser refroidir. • Étaler le glaçage et décorer éventuellement avec des amandes. • Laisser sécher quelques heures.

Biscuits façon tiramisu

Ingrédients
pour 20 à 25 pièces environ

- 125 g de mascarpone
- 40 g de beurre ramolli
- 6 gouttes d'essence d'amandes amères
- 35 g de sucre cassonade
- 75 g de farine et une pincée de sel
- 50 g de maïzena
- ½ c. à café de levure chimique

Nappage

- 100 g de sucre glace
- 2 c. à soupe prélevées d'un café

Facultatif

- Grains de café en chocolat

Cuisson

- Four préchauffé à 180°C
- Cuisson 15 minutes

Préparation

- 15 minutes

• Fouetter au batteur, à vitesse lente, le mascarpone, le sucre, le sel, le beurre et l'extrait d'amandes. • Ajouter progressivement le mélange farine, maïzena et levure. • Former des boules avec les mains et les déposer bien espacées, sur 2 plaques de four. • Cuire. • Laisser refroidir. • Procéder au glaçage au café. • Ces gâteaux doivent être consommés rapidement.

Brunslis
Gâteaux très craquants »

Ingrédients
pour 40 pièces environ

- 2 blancs d'œufs, 1 pincée de sel
- 250 g de sucre fin
- 1 c. à café de cannelle
- 75 g de chocolat râpé
- 250 g de mélange noix, amandes moulues
- 2 c. à soupe de farine tamisée

Pour étaler la pâte

- 150 g de sucre fin environ

Séchage des gâteaux sur les plaques du four

- 12 heures

Cuisson

- Four préchauffé à 180°C
- Cuisson 4 minutes (bien surveiller la cuisson)

Préparation

- 40 minutes

• Battre les blancs d'œufs en neige ferme avec une pincée de sel. • Ajouter progressivement le sucre avec une cuillère. • Verser le chocolat. • Incorporer la cannelle, le mélange de noix et la farine. • Mélanger souplement. • Poudrer la table avec du sucre fin. • Prélever des parties de pâte et étaler avec la main. • Si la pâte colle, saupoudrer de sucre. • Découper des carrés ou d'autres formes au choix. • Les déposer sur la tôle du four, recouverte de papier cuisson. • Laisser sécher une nuit. • Cuire le lendemain. • Refroidir sur grille.

La petite licorne qui avait perdu sa corne

Ariel et moi atterrissons au magnifique parc de l'Orangerie à Strasbourg. J'aperçois une petite licorne près d'un bosquet. La pauvre semble bien malade.
- Bonjour, je m'appelle Hans, que t'arrive-t-il ma belle ?
Elle me répond d'une petite voix :
- Je me nomme Câline, et je n'ai pas obéi à ma Maman. J'ai joué à la fofolle dans les bois. Je me suis foulée les pattes, et pire encore … J'ai perdu ma jolie corne dorée ! Comment la retrouver ? Je suis affamée et je ne puis rentrer chez moi !
- Pas de panique ! Je vais te soigner et te préparer un bon repas marcaire, comme dans les fermes auberges de nos Vallées, lui répondis-je.
Je fabrique des atèles en sucre d'orge pour soulager la petite licorne.
Câline se sent déjà bien mieux, et me regarde confectionner une bonne tourte à la viande, marinée au riesling. Je rôtis des Roiggabreidlis (pommes de terre sautées) et agrémente le tout d'une bonne salade verte. Ariel cherche un Sieskass (munster frais du matin), à la ferme voisine. Je l'arrose d'un doigt de Kirsch. Une bonne soupe de légumes mitonne sur le feu. Le pâté chaud embaume la forêt.
La pâte feuilletée toute dorée et croustillante nous met l'eau à la bouche.
On va bien manger ! Pris dans mon élan, je confectionne une bonne pâte sablée, que je recouvre de myrtilles, au parfum des bois. Un nuage de chantilly vient agrémenter ma belle tarte. Nous nous régalons, riant aux éclats, en voyant les dents d'Ariel, devenir violettes …
Nous partons en quête de la corne perdue. Je la trouve, nichée sous les feuilles d'un grand érable. Une petite fée, Cindy, apparaît à ce moment-là.
- Bonjour les amis, je vais vous aider…
Elle souffle un air très chaud sur du sucre en morceaux ! Celui-ci se transforme en un magnifique sirop, tout doré. Elle fixe la corne de Câline avec quelques gouttes de caramel. Elle ajoute un peu de crème fraîche au sucre chaud restant et nous confectionne de jolies sucettes à l'ancienne.
J'embrasse Câline et lui offre mon tapis volant pour rentrer chez elle.
Je monte dans la carriole et m'adresse à mon petit Ariel :
- Je pourrai apprendre le métier de garde-champêtre, qu'en penses-tu mon ami ?
Le petit gnome me regarde d'un air malicieux et sourit…

Anis bredele

Gâteaux à l'anis

Ingrédients pour 50 pièces environ

- 3 œufs
- 250 g de sucre
- 1 c. à soupe d'anis en poudre
- 250 g de farine tamisée

Séchage

- 12 heures (une nuit)

Cuisson

- Four préchauffé à 120°C
- Cuisson 10 minutes

Les bredele doivent rester blancs

Préparation

- 25 minutes

• Battre les œufs avec le sucre. • Ajouter l'anis et la farine. • Placer la pâte dans une poche à douille, à embout rond. • Former de très petits macarons sur un papier sulfurisé placé sur une plaque à pâtisserie. • Bien espacer les pièces entre elles puisque la pâte va s'étaler un peu. • Laisser croûter toute une nuit. • Cuire le lendemain. • Laisser refroidir.

Sapins au chocolat et à l'orange ☆

Ingrédients pour 50 pièces environ

- 100 g de chocolat à cuire
- 100 g de beurre
- 100 g de sucre
- 1 œuf battu
- 1 zeste d'orange (facultatif)
- 250 g de farine tamisée avec 1 c. à café de levure chimique

Finition

- 100 g de sucre glace

Cuisson

- Four préchauffé à 190°C
- Cuisson 8 à 10 minutes

Préparation

- 35 minutes

• Fondre le chocolat au bain-marie avec un peu de beurre. • Ajouter le reste du beurre, le sucre et bien mélanger avec l'œuf. • Ajouter le reste des ingrédients. • Pétrir. • Mettre au frais pendant 2 heures. • Étaler la pâte. • Découper les formes à l'emporte-pièce et les déposer sur la plaque de cuisson recouverte d'un papier cuisson. • Cuire. • Saupoudrer de sucre glace après refroidissement.

Feuilles d'érable à la crème ☆

Ingrédients pour 40 pièces environ
- 125 g de beurre
- 120 g de sucre fin
- 2 jaunes d'œufs
- 5 c. à soupe de crème fraîche
- 250 g de farine tamisée
- 1 zeste d'orange ou de citron

Pour dorer
- 2 c. à soupe de lait

Cuisson
- Four préchauffé à 180°C
- Cuisson 10 minutes

Préparation
- 20 minutes

• Battre à la fourchette le beurre avec le sucre, ajouter les œufs et la crème. • Incorporer la farine et le zeste d'orange. • Pétrir la pâte, former une boule. • Mettre au frais pendant 2 heures. • Étaler la pâte, découper les formes à l'emporte-pièce et les déposer sur la plaque du four recouverte d'un papier cuisson. • Dorer à l'aide d'un pinceau. • Cuire. • On peut ajouter 2 sachets de sucre vanillé, réduire la quantité de sucre fin à 100g.

Licornes glacées au Rhum ☆

Ingrédients pour 35 pièces environ
- 250 g de farine
- 125 g de beurre ramolli
- 35 g de sucre fin
- 1 sachet de sucre vanillé
- 2 à 3 c. à soupe de lait

Glaçage
- 150 g de sucre glace mélangé à 1 c. soupe de rhum et 1 c. à soupe d'eau

Cuisson
- Four préchauffé à 180°C
- Cuisson 6 à 8 minutes

Préparation
- 30 minutes

• Pétrir la farine et le beurre, ajouter les sucres et le lait. • Bien amalgamer le tout. • Laisser reposer au frais pendant 2 heures. • Abaisser la pâte et couper les formes à l'emporte-pièce. • Les déposer sur la tôle du four recouverte d'un papier cuisson. • Cuire, laisser refroidir. • Procéder au glaçage. • On peut aussi glacer les petites licornes avec du chocolat de couverture blanche.

Que mon Alsace est belle !

Nous survolons la magnifique ville de Strasbourg. J'aperçois la splendide Cathédrale et le sapin géant. Il est grand temps de rentrer à Colmar et nous arrivons à la « Petite Venise ».
Des touristes chantent à tue-tête « Petit Papa Noël ». Quelle animation ! De petits flocons de neige jouent à cache-cache avec les bulles lâchées par le manège aux chevaux. J'admire le marché des enfants. Il est féerique, orné de maisonnettes illustrées de petits lutins. L'odeur du chocolat chaud, des mannalas, des crêpes et des gaufres me titille les narines…
Je passe à la Mairie, décharger ma carriole. Notre Maire distribuera avec justesse toute ma cargaison aux personnes âgées de notre ville. Je rentre léger à la maison…
Ai-je rêvé toute cette aventure ?
En attendant je demande à Maman la permission d'inviter mes copains pour un après-midi « bredele ».
Promis, j'aiderai au nettoyage !
Mes amis arrivent. Installés à la cuisine, nous écoutons une belle musique de Noël. Les mains dans la farine, nous confectionnons de petits gâteaux. Un parfum de noix de coco grillée s'élève déjà dans la maison. Nous goûtons avec délice nos macarons, pas très ronds… mais si bons …
Craquants à l'extérieur, moelleux à l'intérieur !
Oh non, ils ne sont pas parfaits… mais ils sont les meilleurs, car nous les avons faits !
Nous cuisons des petits chatons au miel, des oursons tout mignons au beurre, des étoiles, des cœurs en pain d'épices. Nous goûtons un biscuit de chaque fournée, histoire de vérifier s'ils sont bons…
Je remplis délicatement de petits sachets transparents de petits fours. Je les orne d'un joli ruban et d'une petite branche de sapin. Nous dégustons un bon kouglopf que Mémé a cuit ce matin. J'adore ce goût brioché, les raisins secs macérés au Kirsch, et chaparder les amandes grillées qui surplombent le gâteau ! Noël approche, l'ambiance de cette période de l'Avent est magique !
Mes copains sont rentrés chez eux ravis.
Je cherche un mouchoir dans ma poche, et là, quelle surprise !
Je trouve les brouillons de tous les recettes que j'ai apprises.
Serait-ce un signe du destin ?
Je m'adresse à Ariel :
- Drôle de hasard, ces feuilles couvertes d'écrits,
je pourrai les réunir et en faire un livre ?
Si je devenais écrivain, qu'en penses-tu mon cher ami ?
Ariel me sourit et ne me répond pas…
Je m'endors, heureux, la tête pleine de rêves…

Minis Kouglopfs glacés au Kirsch

Ingrédients pour 35 pièces environ

- 225 g de farine tamisée avec
- ½ c. à café de levure chimique
- 75 g d'amandes en poudre
- 1 œuf battu avec
- 100 g de sucre fin
- 3 g d'extrait d'amandes amères (facultatif)
- 125 g de beurre froid en dés

Glaçage

- 150 g de sucre glace mélangé à 1 c. à soupe de Kirsch (ou jus de fruits) et 1 c. à soupe d'eau

Cuisson

- Four préchauffé à 180°C
- Cuisson 8 à 10 minutes

Préparation

- 40 minutes

• Creuser une fontaine avec la moitié de la farine et levure mélangées. • Y verser les amandes, l'œuf, le sucre et l'extrait d'amande. • Ajouter le beurre, recouvrir du reste du mélange farine, pétrir le tout. • Former une boule, mettre au frais pendant 1 heure. • Abaisser la pâte, couper les formes à l'emporte-pièce. • Déposer sur la plaque du four, recouverte d'un papier cuisson. • Cuire, laisser refroidir. • Procéder au glaçage.

Petits Alsaciens ☆☽

Ingrédients
pour 35 à 45 pièces environ

- 450 g de farine tamisée
  et une pincée de sel
- 1 c. à café de levure
- 50 g de maïzena
- 250 g de beurre en dés
- 1 œuf, 1 c. à soupe de lait
- 250 g de sucre cassonade ou roux
- 5 c. à café de cannelle
- 1 pincée de cardamone moulue
- 1 pincée de girofle en poudre

Repos de la pâte

- une nuit

Cuisson

- Four préchauffé à 180°C
- Cuisson 8 à 10 minutes

Préparation

- 40 minutes

• Mélanger la farine, la levure et la maïzena. • Incorporer le beurre. • Dans un bol, mélanger l'œuf, le sucre et le lait. • Battre en mousse, ajouter les épices. • Verser le tout dans le mélange farine et pétrir. • Former une boule. • Placer au frais pendant 12 heures. • Abaisser la pâte, couper les formes à l'emporte-pièce et cuire.

Bretzels cacaotés ☆

Ingrédients pour 80 pièces environ

- 125 g de beurre mou
- 125 g de sucre
- 1 œuf et un jaune
- 4 c. à soupe de cacao non sucré
- 1 c. à café de cannelle, 2 pincées de muscade
- 250 g de farine tamisée avec 1 c. à café rase de levure chimique

Pour dorer

- 1 blanc d'œuf légèrement battu grains de sucre pour imiter le gros sel

Cuisson

- Four préchauffé à 180°C
- Cuisson 8 à 10 minutes

Préparation

- 35 minutes

• Battre le beurre avec le sucre, les œufs, le cacao et les épices. • Incorporer la farine et la levure tamisées. • Pétrir. • Mettre la pâte au frais pendant 2 heures. • Abaisser la pâte et couper les formes. • Les placer sur la tôle du four recouverte d'un papier cuisson. • Badigeonner au blanc d'œuf battu à la fourchette. • Parsemer de grains de sucre. • Cuire et laisser refroidir.

Petits oies au beurre ☆

Recette ultra rapide à réaliser avec les enfants

Ingrédients pour 50 pièces environ

- 250 g de farine tamisée
- 1 pincée de sel
- 90 g de sucre fin
- 2 jaunes d'œufs
- 125 g de beurre froid coupé en dés

Pour dorer

- 1 jaune d'œuf délayé avec 2 c. à café de lait ou un blanc d'œuf battu à la fourchette

Cuisson

- Four préchauffé à 160°C
- Cuisson 6 minutes

Préparation

- 20 minutes

• Verser la farine et la pincée de sel dans un saladier. • Ajouter le sucre, les jaunes d'œufs, travailler avec un peu de farine. • Incorporer le beurre, recouvrir de farine et pétrir rapidement. • Abaisser la pâte, par petites quantités. • Placer le reste au frais. • Découper les formes à l'emporte-pièce. Les déposer sur la tôle du four recouverte d'un papier cuisson. • Dorer à l'œuf. • Cuire et laisser refroidir sur grille.

Ciel, un Père Noël dans ma cuisine !

Il fait nuit noire. Pourtant, j'entends de drôles de bruits dans la cuisine ! Je descends discrètement les marches de l'escalier. J'entre dans l'office et m'exclame ahuri :

- Ciel, un Père Noël dans ma cuisine !

Je l'ai vu, de mes propres yeux, mais le voilà déjà reparti par la cheminée…

J'entrevois par la fenêtre, la poussière d'étoiles, qui accompagne son attelage et ses rennes magiques.

Le père Noël a cuisiné ! Curieux, je soulève le couvercle de la terrine de Baeckeoffe déposée sur le poêle…

Chouette ! Une bonne choucroute mitonnée à la graisse d'oie : du collet fumé, de bons lards frais, fumés et salés, de la palette, des cotis, du kassler, du jarret fumé, des saucisses de Strasbourg, des Montbéliards, de la Morteau, des fuseaux lorrains, des gendarmes, de la saucisse blanche grillée, me font saliver…

Il a confectionné des knepfles, (des nuages blancs) pour escorter le chou. Je repère une bouteille entamée…

Le père Noël a accommodé la choucroute au crémant d'Alsace !

Le four à pain semble occupé… Curieux, j'entrouvre la porte. Un parfum d'oignons grillés, de lardons fumés et de gruyère, éveille mes sens… De la tarte flambée ! Je résiste à tout, sauf à la tentation ! Je chaparde un quart de la tarte. Les lardons fondent en bouche et je me délecte avec la pâte croustillante à souhait…

Je crois que je vais garder une place pour le dessert !

J'ouvre le réfrigérateur… Le père Noël a préparé une délicieuse bûche façon « Forêt-Noire » Miam…

Mais en fait, nous sommes le 24 au soir, peut-être a-t-il déjà livré ses cadeaux …

Je m'introduis discrètement au salon, tremblant d'excitation…

Je trouve un petit paquet à mon nom, sous notre beau sapin, décoré la veille.

Impatient, je déchire le papier et le joli ruban qui l'entourent. Je lance un cri de joie :

- Chouette, mes recettes ont été éditées ! Mon rêve s'est réalisé ! Je suis écrivain !

J'observe tendrement Ariel, grignotant une bouchée aux noix et aux noisettes :

- J'aime voir les gens heureux, et si je devenais Père Noël, qu'en penses-tu mon cher ami ?

Ariel me caresse affectueusement la joue et me répond :

- Puisse la Magie de cette nuit, rester gravée à jamais dans ton cœur. Un très joyeux Noël à Toi, mon cher petit Hans.

Maisonnettes à la pâte à tartiner chocolat noisettes

(Recette ultra facile d'Angélique)

Ingrédients pour 2 maisonnettes

- 1 yaourt nature
- ½ pot de yaourt d'huile
- 1 pot de yaourt de sucre fin
- 1 pot de yaourt de pâte à tartiner chocolat noisettes
- 3 œufs
- 3 pots de yaourt de farine tamisée mélangée à 1 sachet de levure chimique

Facultatif

- 1 c. à soupe d'épices à pains d'épices

Matériel utilisé

- 1 moule en forme de maisonnette graissé au pinceau et un peu d'huile

Décor facultatif

- Un peu de sucre glace ou

Glaçage : 300 g de sucre glace mélangé à 1 blanc d'œuf battu en neige et des bonbons

Cuisson

- Four préchauffé à 180°C
- Cuisson 40 à 45 minutes

Préparation

- 10 minutes

• Ne pas ouvrir la porte du four pendant la cuisson, le gâteau pourrait retomber. • Cette pâtisserie, peut être confectionnée deux ou trois jours avant la dégustation. • C'est le pot de yaourt vide qui sert de mesure, ce qui est bien pratique pour les enfants. • Incorporer tous les ingrédients dans l'ordre donné, en prenant soin de mélanger à chaque étape, de préférence avec le fouet à main. • Huiler les moules. • Verser la pâte. • Cuire. • Attendre le refroidissement complet pour le démoulage. • Décorer à l'envie, place aux artistes !

Maisonnettes au gâteau au yaourt cacaoté ☆

Ingrédients pour 2 maisonnettes ou 1 grande maison :
1 yaourt nature, 1 pot de yaourt d'huile, 2 pots de sucre, 3 pots de farine tamisée, 1 sachet de levure chimique, 3 œufs. Parfum au choix : vanille, épices, cacao, zeste de citron etc. Cuisson identique.

• Cette pâte peut être versée dans un moule à cake, ou des mini-moules pour enfants. Dans ce cas, réduire le temps de cuisson.

Petits cochons Porte bonheur

Ingrédients pour 45 pièces environ

- 80 g de beurre ramolli
- 60 g de sucre fin
- 2 œufs
- 125 g de noix moulues (ou noisettes)
- 250 g de farine tamisée avec 1 pincée de levure chimique

Glaçage

- 1 sachet de glaçage rose tout prêt ou 150 g de sucre glace mélangé à 1 c. à soupe d'eau et 1 c. à soupe de Kirsch ou Rhum

Facultatif

- colorant rouge

Cuisson

- Four préchauffé à 160°C
- Cuisson 8 minutes

Préparation

- 35 minutes

• Battre en mousse le beurre et le sucre, ajouter les œufs et les noix. • Incorporer le mélange farine et levure. • Pétrir. • Mettre au frais pendant 1 à 2 heures. • Abaisser la pâte, couper les formes à l'emporte-pièce. • Les déposer sur la plaque du four, recouverte d'un papier cuisson. • Cuire. • Laisser refroidir. • Procéder au glaçage.

Rennes à l'anis et au chocolat ☆

Ingrédients
pour 50 pièces environ

- 1 œuf
- 120 g de sucre
- 3 c. à soupe de cacao non sucré
- 1 c. à soupe d'anis en poudre
- 200 g de farine tamisée et une pincée de sel
- 125 g de beurre froid en dés

Pour dorer

- Un peu de blanc d'œuf légèrement battu à la fourchette

Cuisson

- Four préchauffé à 160°C
- Cuisson 10 minutes

Préparation

- 30 minutes

• Battre l'œuf, ajouter le sucre, l'anis et le cacao. • Verser sur la farine, ajouter le beurre. • Pétrir la pâte rapidement. • La placer au frais 1 heure. • Abaisser la pâte, couper les formes à l'emporte-pièce. • Les déposer sur la plaque du four, recouverte de papier cuisson. • Badigeonner au blanc d'œuf. • Cuire.

Anges glacés à l'eau de vie d'Alsace ☆

Ingrédients pour 30 pièces environ

- 275 g de farine tamisée, 1 pincée de sel
- 1 c. à café de levure chimique
- 100 g de beurre en dés
- 60 g de sucre glace
- 1 sachet de sucre vanillé
- 1 œuf, 1 c. à soupe de lait

Glaçage

- 150 g de sucre glace mélangé à 1 c. à soupe d'eau de vie ou jus de citron et 1 c. à soupe d'eau

Cuisson

- Four préchauffé à 180°C
- Cuisson 6 à 8 minutes

Préparation

- 30 minutes

• Tamiser la farine et la levure. • Ajouter le beurre, les sucres, l'œuf, le lait et la pincée de sel. • Pétrir. • Former une boule, déposer au frais pendant 1 heure. • Abaisser la pâte et couper les formes à l'emporte-pièce. • Déposer le tout sur une plaque de four recouverte d'un papier cuisson. • Cuire, laisser refroidir. • Étaler le glaçage.

Confection des décors présentés dans le livre

Ingrédients pour un décor

- 75 g de sucre
- 5 c. à soupe de miel
- 50 g de margarine
- 300 g de farine, un peu plus si la pâte est trop souple
- 2 œufs
- ½ c. à café de levure chimique (facultatif)
- 3 c. à soupe d'épices à pain d'épices (facultatif)
- 2 c. à soupe de cacao pour colorer la pâte (facultatif)

Repos de la pâte

- une nuit

Pour dorer (facultatif)

- 1 jaune d'œuf dilué dans 2 c. à café de lait

Décor

- 250 g de sucre glace minimum, blanc d'œuf ou jus de citron à ajouter au fur et à mesure des besoins, par cuillérées à café, 1 dizaine de sucres en morceaux
- vermicelles, confettis...

Cuisson

- Four préchauffé à 180°C
- Cuisson 10 à 20 minutes

Préparation

- 20 minutes

Montage décor

- 1 à 2 heures

• Chauffer doucement le miel avec le sucre et la margarine. • Laisser tiédir, ajouter le reste des ingrédients. • Pétrir le tout. • Mettre la pâte au frais, enveloppée de film transparent, pendant une nuit.

• Coller de jolies images sur du carton pâtissier, et découper les formes. • Abaisser la pâte, sur le plan de travail bien fariné. • Poser les gabarits, et sectionner la pâte superflue. • Mettre les pièces à cuire. • Laisser refroidir. • Pour créer des vitraux colorés : à l'aide d'un emporte-pièce retirer la pâte superflue. • Placer des bonbons durs dans des sachets congélation, frapper avec un marteau. • Déposer des éclats de bonbons dans les emplacements évidés. • Cuire les décors. • Laisser refroidir pendant quelques heures, (le temps que le bonbon se solidifie à nouveau). • Décorer les pièces avec du sucre glace coloré, des vermicelles, bonbons à l'envie… • Laisser sécher quelques heures.

MONTAGE D'UN DÉCOR :

• Disposer un carton pâtissier sur un plateau. • Repérer les endroits stratégiques où vont être disposés les personnages. • Pour les grandes pièces : Faire une grosse pâte avec le sucre glace (comme du mortier pour un mur). • Faire un petit muret en collant des morceaux de sucre. • Laisser un espace pour déposer le pain d'épice. • Replacer un muret sur l'avant. • Laisser sécher un peu. Étaler une couche de glaçage et placer la façade. • Disposer vos personnages entre des sucres fixés au glaçage. (Voir photos du livre) • Décorer le reste de la scène, avec du glaçage plus liquide. • Animer le tout avec des sucres colorés, du sucre glace, de la cannelle, du cacao, ou de la farine... Bon amusement à tous !

Pain d'épices à offrir

Ingrédients pour 1 grand cœur et 3 figurines de 8 cm environ

- 275 g de farine tamisée mélangée à 2 c. à café de bicarbonate de soude (au rayon grandes surfaces)
- 200 g de miel
- 20 g de sucre
- 2 c. à café bombée d'épices à pain d'épices
- 80 g de noisettes moulues
- 2 c. à soupe de Kirsch (ou de lait)
- 1 c. à soupe de lait
- 1 jaune d'œuf

pour dorer (facultatif)

- 1 jaune d'œuf dilué au lait ou 1 blanc d'œuf

Glaçage

- 150 g de sucre glace
- 2 c. à soupe de liquide (voir idées en fin de page)

Décors au choix

- Noix, cerises confites etc...

Cuisson

- Four préchauffé à 180°C
- Cuisson 12 à 20 minutes suivant la taille

Préparation

- 30 minutes

• Chauffer doucement le miel avec le sucre. • Ajouter le lait, le Kirsch, les épices et les noisettes. • Verser le mélange tiédi sur la farine tamisée avec le bicarbonate. • Ajouter le jaune d'œuf. • Pétrir le tout. • Abaisser la pâte avec le rouleau un peu fariné, directement sur la plaque du four, recouverte du papier cuisson. • Découper les formes, retirer l'excès de pâte. • Laisser reposer 30 minutes. • Dorer éventuellement à l'œuf. • Trouer la forme à l'aide d'un cure-dents, si le pain d'épices est destiné au décor d'un mur. • Agrandir la cavité dès la sortie du four. • Cuire, laisser refroidir. • Décorer à l'envie, place aux artistes ! • Laisser sécher quelques heures sur grille.

POUR RÉALISER UN GLAÇAGE

• Tamiser le sucre glace, ajouter du liquide, cuillérée par cuillérée, jusqu'à obtention de la consistance désirée. • Pour dessiner et colorier des gâteaux, il vaut mieux se servir d'un pinceau tout simplement. • Pipettes et poches à douille sont utiles pour faire des volutes etc. • Pour colorer le glaçage : ajouter au liquide, du colorant, goutte à goutte. • Déposer le glaçage et placer de suite les décors : bonbons, fruits secs, vermicelles chocolat etc.

Glaçage au sucre : 150 g de sucre glace minimum, 1 blanc d'œuf battu en neige, 1 c. à soupe de jus de citron. Augmenter la quantité de sucre pour obtenir un glaçage très épais (exemple pour les décors du livre).

Glaçage au chocolat : mélanger 125 g de sucre glace, 2 c. à soupe de cacao non sucré, 2 à 4 c. à soupe d'eau.

Glaçage au rhum : mélanger 125 g de sucre glace avec 1 c. à soupe de Rhum et 1 c. à soupe d'eau.

Glaçage à l'orange ou au citron : mélanger 125 g de sucre glace avec 2 c. à soupe de jus de fruits.

Laissez place à votre imagination ! Laisser sécher les pièces avant d'offrir. Bon amusement à tous !

Oursons à la pâte à tartiner chocolat noisettes

Ingrédients
pour 25 pièces environ

- 150 g de farine tamisée
- 100 g de sucre fin
- 2 jaunes d'œufs
- 125 g de beurre à température ambiante
- 2 c. à soupe de cacao non sucré
- 100 g de noisettes moulues (ou amandes)

Fourrage des gâteaux

- 80 g env. de pâte à tartiner tiédie

Cuisson

- Four préchauffé à 180°C
- Cuisson 10 minutes

Préparation

- 40 minutes

Facultatif

- un peu de glaçage, fixer des petits cœurs

• Battre le beurre en mousse avec le sucre, ajouter les jaunes d'œufs, le cacao et les noisettes. • Incorporer la farine tamisée. • Mettre la pâte 2 heures au frais. • Abaisser la pâte, couper les oursons à l'emporte-pièce. • Les déposer sur la tôle du four, recouverte d'un papier cuisson. • Cuire, laisser refroidir. • Fourrer à la pâte à tartiner tiédie. • Facultatif : A l'aide d'un cure-dents, poser une petite pointe de glaçage sur les gâteaux, poser un petit cœur. • Laisser sécher quelques heures.

Organisation et harmonie des saveurs

J'organise mes cuissons, afin d'optimiser le temps, les ingrédients et les saveurs. Je dresse une liste de courses, en fonction des recettes choisies.

SUGGESTION n°1 : 4 fournées à réaliser à votre rythme (15 sachets environ)
Courses : 1 kg de farine – Levure chimique – 1 kg de sucre fin – Sucre vanillé – 250 g de sucre glace – 12 œufs -3 plaquettes de beurre – 1 tablette de chocolat -125 g d'amandes en poudre – 125 g de noix de coco – 250 g de noisettes en poudre –125 g de noisettes entières.
La veille : préparer la pâte des Sapins au Chocolat et à l'Orange p. 51.
Le matin : préparer la pâte des Knirpfels de Rolande p. 7. Placer au frais. Conserver les blancs d'œufs restants, au frais dans une boite hermétique. Cuire les Sapins et les Knirpfels. Le lendemain, faire la pâte des Bouchées p. 26, placer au frais. Cuire les Macarons Coco p. 25, cuire les Bouchées.
Harmonie : Vanille, Chocolat orange, Noisette, Noix de Coco.

SUGGESTION n°2 : 3 fournées à réaliser a votre rythme (12 sachets environ)
La veille : préparer la pâte des Sablés d'Annette p. 24. Placer au frais. Le lendemain, cuire les sablés. Préparer la pâte des Oies p. 59. Cuire les Macarons p. 41. Cuire les Petites Oies le jour même ou le lendemain.
Harmonie : Beurre, Amande, Chocolat, Pain d'épices.

SUGGESTION n° 3 : Cœurs à la Cannelle et au Kirsch p.44, Chatons p. 21
La veille : préparer la pâte des Chatons, placer au frais. Confectionner les Cœurs. Sécher une nuit. Le lendemain, cuire les Cœurs, ensuite les Chatons.
Harmonie : Miel, Cannelle, Kirsch.

SUGGESTION n° 4 : Petits oursons p.70, Macarons amandes et cannelle p. 8
Harmonie : Amande, Cannelle, Chocolat Noisette

SUGGESTION n°5 : Alsaciens p. 57, Gâteaux aux noix p. 14, Kouglopfs p. 56
Harmonie : Noix, Cannelle, Kirsch.

SUGGESTION n°6 : sans oléagineux : Fleurs à la gelée de cerise p. 19, Feuilles d'érable p. 52, Licornes au Rhum p. 53, Macarons coco p. 25
Harmonie : Crème, Cerise, Noix de Coco, Rhum.

SUGGESTION n° 7 : sans oléagineux :
Lunes à l'orange p. 34, Bûchettes Cacao p. 15, Sapins Chocolat p. 51
Harmonie : Vanille, Orange, Cacao, Chocolat.

Pour bien s'amuser avec les enfants

SUGGESTION n° 8
Anges glacés p. 65 (remplacer l'alcool par de l'eau). Sablés p. 36
Découper des formes, cuire, laisser les bambins décorer librement…

SUGGESTION n° 9
Petites oies au beurre p. 59, Macarons chocolat p. 41
Note : Les enfants se lassent vite. Je prépare souvent la pâte la veille. J'essaie d'alterner les recettes : découper des motifs, modeler avec les mains, macarons à déposer sur la plaque avec des cuillères…

Tous les Bredele de ce livre accompagnent à merveille un café exquis.

SUGGESTION n°10 : Leckerlis p. 45, Cochons p. 63, Macarons p. 18
Harmonie : Amande, Noisette, Noix, Cannelle, Orange, Café, Kirsch.

Les Amateurs de grands thés n'ont pas été oubliés…

SUGGESTION n° 11 : Lunes à l'orange p. 34, Sablés Douchka p. 36
Anis bredele p. 50, Cœurs à la ganache au chocolat et au thé p. 35
Harmonie : Orange, Bergamote, Chocolat, Anis.

SUGGESTION n° 12 : Feuilles d'érable p. 52, Sablés au citron p. 27
Etoile au Darjeeling p. 37, Macarons Noix et Citron p. 18.
Harmonie : Crème, Citron, Noix, Darjeeling

Composez votre propre Symphonie de Parfums gourmands…
Un très Joyeux Noël à Vous, mes Chers Amis Lecteurs.

I.D. L'EDITION

9, rue des Artisans • 67210 Bernardswiller
Tél. : 03 88 34 22 00 • id.edition@wanadoo.fr

www.id-edition.com

ISBN : 978-2-36701-061-8
Imprimé en UE - août 2015